AVENTURA EN YUCATÁN

Jaime Corpas
Ana Maroto

SGEL

Primera edición, 2020
Tercera edición, 2023

Produce: SGEL – Educación
Avda. Valdelaparra, 29
28108 Alcobendas (Madrid)

© Jaime Corpas, Ana Maroto
© Sociedad General Español de Librería, S. A., 2020
Avda. Valdelaparra, 29, 28108 Alcobendas (Madrid)

EDICIÓN: Mise García
CORRECCIÓN: Belén Cabal
DISEÑO DE CUBIERTA E INTERIOR: Alexandre Lourdel
ILUSTRACIONES DE CUBIERTA Y DE INTERIOR: Pablo Torrecilla
MAQUETACIÓN: Alexandre Lourdel
AUDIO: Cargo Music

ISBN: 978-84-17730-04-8

DEPÓSITO LEGAL: M-40530-2019
Printed in Spain – Impreso en España

IMPRESIÓN: V.A. Impresores, S.A.

Cualquier forma de reproducción, distribución, comunicación pública o transformación de esta obra solo puede ser realizada con la autorización de sus titulares, salvo excepción prevista por la ley. Diríjase a CEDRO (Centro Español de Derechos Reprográficos) si necesita fotocopiar o escanear algún fragmento de esta obra (www.conlicencia.com; 91 702 19 70 / 93 272 04 47).

ÍNDICE

1. EN EL MERCADO 5
2. VOLUNTARIADO INTERNACIONAL 8
3. LA DIETA MEDITERRÁNEA 10
4. FIN DE CURSO 15
5. UN PLAN IDEAL 17
6. UN CURRÍCULO EXCELENTE 19
7. DEBATE FAMILIAR 21
8. LLEGADA A CANCÚN 24
9. TODO INCLUIDO 26
10. UN CONSEJO IMPORTANTE 28
11. PLAYA DELFINES 30
12. EL FESTIVAL DEL MAR CARIBE 33
13. EL FESTIVAL DEL TIBURÓN BALLENA 37
14. EL PEZ MÁS GRANDE DEL MUNDO 41
15. EL PARAÍSO ESTÁ AQUÍ 44
16. EL CORAZÓN DEL IMPERIO MAYA 45
17. UNA CIUDAD COLONIAL 48
18. LOS HUEVOS DE LAS TORTUGAS MARINAS 50

    ACTIVIDADES 52
    SOLUCIONES 70

1
EN EL MERCADO

Los sábados por la mañana, los Fernández suelen ir al mercado a comprar comida fresca para la semana. El Mercado de la Cebada está en el barrio de la Latina, en el centro de Madrid. Desde su casa, en la calle de la Bola, hasta la plaza de la Cebada, tardan un cuarto de hora en llegar andando. Hoy es el día que hay más gente, el mercado está muy animado y en todos los puestos hay gente comprando. Paco Fernández busca una carnicería con poca gente, pero en todas tiene que esperar.

—¿Quién es la última o el último? —pregunta a los clientes.

—Yo —le contesta una chica—. Va usted detrás de mí.

Mientras tanto[1], su hija Marina ha subido a la planta de arriba, a su puesto favorito: el de los embutidos y los quesos. El vendedor la conoce y le sonríe.

—¿Me pone trescientos gramos de jamón, por favor? —le pide ella.

---

[1] *Mientras tanto:* en el mismo momento.

EN EL MERCADO

—Muy bien, trescientos gramos de jamón para esta joven tan simpática.

Después, compra medio kilo de cuatro quesos distintos.

—¿Vas a querer también chorizo? —le pregunta el vendedor.

Marina sabe que no es bueno comer demasiado embutido, pero ¡le gusta tanto! Su madre siempre compra poca cantidad, pero ahora es ella, Marina, quien decide, porque Carmen está abajo, en la verdulería.

—¿Quién va ahora? —pregunta el verdulero.

—¡Yo! —contesta Carmen—. No sé qué llevarme... ¡Hay tantas frutas!

—Llévese unas ciruelas, son buenísimas —dice el verdulero.

—Vale, póngame medio kilo de ciruelas.

Carmen guarda la fruta en el carro de la compra.

—¿Qué más le pongo? —pregunta el hombre.

—¿Qué tal está el melón? —pregunta Carmen.

—No está tan dulce como en verano, pero está bueno. ¿No quiere moras o arándanos? Ahora es el tiempo de las frutas del bosque.

Al final, Carmen compra fresas y moras, ¡le encantan las frutas del bosque! También compra varios kilos de verduras porque son cuatro en la familia.

Paco, Carmen y Marina se encuentran en el bar del mercado donde sirven unas tapas deliciosas para tomar el aperitivo.

—¡Este es el mejor momento! —Paco levanta su vaso.

Están de acuerdo, después de hacer la compra y antes de comer, tomar el aperitivo es una costumbre maravillosa. Contentos levantan sus vasos:

—¡Salud!

2
VOLUNTARIADO INTERNACIONAL

Lucas Fernández se ha quedado hoy en casa y no ha ido con su familia al mercado porque está preparando los exámenes finales. En tercero de Biología hay que estudiar mucho. Además, este verano quiere trabajar como voluntario[2] en el extranjero y debe enviar las cartas de presentación porque el plazo se acaba pronto.

Está muy interesado en conocer el trabajo de los biólogos medioambientales[3], la carrera que estudia. Una cosa es la teoría, pero otra es la práctica. Y él es una persona de acción, así que ya es hora de aprender su profesión futura. Pero el proceso de selección es difícil, hay muchos universitarios que quieren trabajar como voluntarios para viajar, aprender y vivir nuevas experiencias.

Lucas cree que tiene muchas posibilidades porque su currículo es bueno: estudios universitarios de biología con notas

---

[2] *Voluntario/a:* persona que colabora y trabaja gratis con una organización.
[3] *Medioambiental:* relacionado con la ecología.

altas, colaboraciones con ONG[4], nivel alto de inglés y básico de francés, conocimientos de informática, buceador avanzado, etc.

Sentado frente al ordenador, termina de escribir sus datos personales y su currículo para enviarlo a instituciones de protección y conservación de la naturaleza en los cinco continentes: a Finlandia, para trabajar en los parques naturales; a Botsuana, para proteger a los elefantes y a los leones; a Perú, para conservar el medioambiente de la selva amazónica; a Australia, para proteger la vida marina; a Tailandia, para liberar a los monos y otros animales salvajes del tráfico ilegal, etc. Presenta su solicitud en quince proyectos.

Ahora, le piden un texto de motivación. «Mi pasión es la naturaleza, y la ecología, mi religión», escribe Lucas. ¡Eso es motivación!

---

[4] *ONG:* organización no gubernamental.

3
LA DIETA MEDITERRÁNEA

Los Fernández vuelven del mercado y sacan del carro las compras. Lucas entra en la cocina, tiene mucha hambre.

—¿Qué habéis comprado? —pregunta.

Paco saca las bolsas de la carnicería para meterlas en la nevera. Abre una bolsa y se la enseña a su hijo muy contento.

—Mira qué carne tan rica. Voy a hacerla a la plancha para comer ahora.

—¿Por qué compras tanta carne? —le pregunta muy serio.

—Porque somos cuatro personas adultas comiendo durante una semana.

—Yo no quiero —Lucas cierra la bolsa.

—Mejor para nosotros —dice Marina, que no se lleva bien con su hermano.

—Es carne de vaca. A ti te encanta, ¿no? —dice su madre.

—Sí, pero debemos dejar de comer carne porque no es sostenible[5] —responde.

---

[5] *Sostenible:* que es bueno para la conservación del planeta.

LA DIETA MEDITERRÁNEA

—Muy bien, pues tú no comas —contesta Marina.

Marina saca de su bolsa los embutidos y los quesos. Lucas se enfada.

—¿Y tú por qué compras tantos embutidos? —le pregunta.

—Porque me encantan. ¡Y a papá y a mamá, también! —Marina sonríe.

—No empecéis a discutir, por favor —dice Carmen, cansada.

—Consumir estas cantidades es colaborar en la destrucción del planeta —dice.

Mientras Paco prepara la carne y Carmen lava las verduras, Marina pone la mesa en el salón y Lucas guarda la compra en los armarios de la cocina y en la nevera.

—Entonces, ¿solo vas a comer verdura? —le pregunta Paco a su hijo.

—Si prefieres pescado, he comprado atún —le dice su madre.

—¿Atún? —Lucas está horrorizado—. ¡Mamá! ¡Está en peligro de extinción!

—No lo sabía —dice Carmen—. Ya no compro más.

—¿Tampoco podemos comer pescado? —pregunta Paco preocupado.

—Sí, pero pescado sostenible. En general, es mejor consumir pescado azul pequeño —Lucas habla con seguridad.

—Yo estoy de acuerdo con Lucas, debemos ser responsables —dice Carmen.

—De todas formas, nosotros seguimos una dieta mediterránea, que es muy sana, y comemos carne solo dos o tres veces a la semana —dice Paco.

LA DIETA MEDITERRÁNEA

Lucas les recuerda que la dieta mediterránea aconseja comer una ración muy pequeña de carne. Antes, los españoles comían verduras o legumbres con un poco de carne; ahora, no comen legumbres y comen carne con patatas fritas o con pocas verduras. Lucas acaba su discurso:

—Comer mucha carne es malo para la salud y peor para el planeta.

Carmen aplaude, orgullosa de su hijo. Paco cree que su hijo tiene razón, pero exagera[6] un poco. Marina piensa que a su hermano le encanta prohibir cosas para molestar a todo el mundo.

—Hoy vamos a comer mucha ensalada de primero y un poquito de carne de segundo, como aconseja la dieta mediterránea, ¿no? —Paco sonríe.

—La carne de vaca no es típica de la dieta mediterránea —corrige Lucas—. Además, las vacas consumen mucha agua y contaminan el aire y el suelo.

—A partir de ahora, vamos a comer pollo y conejo en vez de vaca —dice Carmen—. Además, engordan menos, Marina.

Marina no está gorda, pero no es delgada como su madre y su hermano. Ella es como su padre físicamente, más baja y morena. Su madre sabe que quiere perder algún kilo, por eso es un buen argumento. Pero a su padre también le encanta la carne. Paco reflexiona. Al final, pregunta:

—¿Qué os parece si compramos carne de vaca tres veces al mes?

—¡Cuatro veces! —grita Marina.

—Ninguna —dice Lucas.

—¡Una! Y ya está —Carmen acaba la conversación.

. . . .

[6] *Exagerar*: ser excesivo, aumentar la realidad.

LA DIETA MEDITERRÁNEA

Se sientan por fin a comer. Lucas se sirve un plato grande de ensalada. Carmen se sirve ensalada y un trozo pequeño de la carne a la plancha. Marina y Paco se sirven toda la carne y comen poco a poco, disfrutando de su sabor. ¡Hummm! ¡Está deliciosa!

4
FIN DE CURSO

El verano acaba de empezar y llega el calor a Madrid. Los madrileños intentan no salir a la calle cuando el sol está alto, durante las horas más calurosas, y quienes caminan por la calle van buscando la sombra; sin embargo, los turistas extranjeros que vienen de países fríos se sientan en las terrazas para descansar y disfrutar del sol.

«Algunos turistas llegan blancos como la nieve y cuando se van de la terraza están rojos como un tomate», piensa Marina divertida mientras pasa por la plaza Mayor. A ella también le gusta tomar el sol, pero en la playa. ¡Qué ganas[7] tenía de acabar el curso!

Está en segundo de bachillerato y, en este momento, acaba de salir del instituto de hacer el último examen. Está contenta porque ha contestado bien a todas las preguntas. Su principal objetivo este año era aprobar todo y ha estudiado mucho. Se siente muy satisfecha con los exámenes que ha hecho. Todavía no sabe las notas, pero está segura de que van a ser buenas.

---

[7] *Tener ganas de hacer algo:* querer hacer algo.

FIN DE CURSO

¡Vacaciones por fin! Todos los veranos va de viaje con su familia. Bueno, este año con su padre y con su madre, porque Lucas, afortunadamente, no viaja con ellos. Anoche se enfadaron, otra vez, porque ella no recicló bien y puso una botella de plástico en el cubo del papel. Vale, es verdad que se equivocó, pero ¡no es un crimen! Para él, sí: un crimen contra la naturaleza. ¡Qué alegría no ver a su hermano en todo el verano!

Ahora lo importante es pensar en las vacaciones. Todavía no saben a dónde van a ir. A ella no le importa el lugar si tiene playa para bañarse en el mar y… ¡Necesita un bikini!

Le gusta ir con su madre a comprar ropa porque es una mujer moderna y tiene buen gusto. Además, su madre no miente, si algo no le gusta se lo dice: «Marina, es un vestido bonito, pero a ti no te queda bien». O «sinceramente, esa camiseta me parece un poco fea». Su opinión le ayuda a decidir.

En vez de volver a casa, decide pasear por las calles comerciales de su barrio para ver los escaparates de las tiendas. Este año está de moda el color azul, ¡todo es azul! Ella prefiere el amarillo. Sabe que va a ser difícil, pero no imposible. También era difícil este curso y, sin embargo, va a aprobar todo con buenas notas. Así que su próximo objetivo es ¡encontrar un bikini amarillo!

5
UN PLAN IDEAL

Carmen sale del gimnasio y vuelve caminando a casa. Después de trabajar, siempre va a hacer un poco de ejercicio. Para ella es necesario porque le ayuda a relajarse. En su profesión, trabajan con problemas: es abogada. Siempre va corriendo de un sitio a otro para no llegar tarde a las reuniones. ¡Qué ganas tiene de irse de vacaciones! Eso sí que es relajante: no tener responsabilidades, no tener que levantarse temprano, no pensar en nada y dedicarse a descansar y a disfrutar. Todo lo que desea es un lugar tranquilo y agradable, con buen clima y con mar. Y sin tener que moverse.

En su maletín, lleva varios folletos de posibles destinos para decidir con Paco y Marina. Se los ha dado un buen cliente suyo que tiene una cadena internacional de hoteles. Siempre le ofrece un gran descuento para toda la familia si utilizan sus servicios. Carmen todavía no ha mirado los folletos, pero ha visto varias fotos de cruceros por el Mediterráneo. A Marina le encanta el mar. Y a Paco, su marido, siempre le han gustado los barcos. ¿Y si se van de crucero por las islas griegas? Es un plan ideal: descansar en el barco sin hacer nada, leyendo y disfrutando del

UN PLAN IDEAL

paisaje. ¡O un crucero por el mar Adriático visitando varios países: Italia, Croacia, Albania, etc.!

En este momento, Paco sale de la piscina y vuelve a casa andando. Practica natación todas las tardes, después de trabajar. Suele nadar durante una hora. Hoy se siente cansado, pero no por la natación. Necesita unas vacaciones y, después de todo el año trabajando, está deseando irse de viaje.

Su plan ideal es un viaje de aventura, porque su vida es siempre igual, siempre la misma rutina. Prefiere vivir experiencias diferentes, hacer actividades distintas de las habituales. En la oficina pasa muchas horas sentado delante del ordenador, porque es diseñador gráfico en una revista. Paco también dibuja en su tiempo libre, por la noche, cuando llega a casa. Siempre está sentado. Lo mejor para cambiar de costumbres es una actividad con movimiento. ¡Un safari fotográfico en África! ¡Qué maravilla! Eso sí que es un buen plan de vacaciones. ¡O un recorrido por las tribus amazónicas! Seguro que a Carmen, su mujer, también le gusta ese plan.

6
UN CURRÍCULO EXCELENTE

Lucas tiene varios correos sin leer en el ordenador. Son las respuestas de los centros de voluntariado internacional a su solicitud: admitido o no admitido. ¡Qué nervios! Empieza a leer el primer correo, de la reserva marina del Mar de Coral en Australia para proteger ballenas, tortugas y tiburones… ¡Sí, lo han admitido! Ahora, lee la respuesta del centro de conservación de Kenia en África, para proteger a la jirafa y construir pozos de agua… ¡También lo han admitido! Después, abre el mensaje del parque natural de Oulanka en Finlandia… ¡Admitido! Lucas termina de leer todos los correos: lo han admitido en todos los centros. ¡Qué alegría!

Ahora, el problema es elegir. Todos los programas le gustan. Lo ideal es un lugar cálido, así que renuncia[8] a los lugares fríos… ¡Dos, fuera! Tampoco le gusta pasar demasiado calor, así que renuncia a los desiertos… ¡Cuatro menos! Un poco de

---

[8] *Renunciar:* decir que no.

lluvia le gusta, pero no los lugares donde no para de llover... ¡Otros tres, fuera! Ya solo quedan seis proyectos.

Bien, ahora puede hacer una selección de los lugares con mejores condiciones. En ninguno le van a pagar, claro... ¡¿Cómo?! ¡Pero si es él quien tiene que pagar! ¿Ha leído bien? Sí, en dos ONG le piden dinero por su ayuda. ¡Dos menos! ¡No va a pagar él por trabajar! Quedan cuatro.

En ningún sitio le pagan el billete de avión, pero en todos le proporcionan el alojamiento gratis menos en uno... ¡Uno menos! Lucas sigue leyendo las condiciones. En los tres sitios finalistas le pagan el desayuno, la comida y la cena, pero en dos de ellos tiene libre el fin de semana, en el otro trabaja todos los días menos uno. ¿Solo un día de descanso? ¡Fuera! ¡Necesita descansar el fin de semana!

¿Filipinas o México? Los dos programas de voluntariado le interesan y los dos países le parecen atractivos. Ahora, lo importante es: ¿cuánto cuesta el avión? La decisión está en la respuesta.

DEBATE FAMILIAR

Los Fernández cenan habitualmente alrededor de las nueve de la noche. Siempre desayunan en la cocina, pero la cena la toman en el salón-comedor. Hoy tienen ensalada, de primero, y pisto[9] con huevo, de segundo. Cuando están los cuatro sentados empiezan a cenar. Lucas sonríe pensativo.

—Hijo, qué contento estás —dice Carmen.

—Está contento porque no vamos a comernos ningún animal en peligro de extinción —bromea[10] Marina.

—Es porque voy a pasar el verano muy lejos de ti —contesta Lucas.

—¡Qué gran noticia! —responde Marina—. Yo también me alegro mucho.

Carmen cree que este es el momento para hablar sobre las vacaciones. Mira a Paco y a Marina sonriendo. Seguro que les da una buena sorpresa.

---

[9] *Pisto:* plato con diferentes verduras fritas (pimiento, tomate, cebolla...).
[10] *Bromear:* decir algo para divertirse.

DEBATE FAMILIAR

—¿Qué os parece hacer un crucero por las islas griegas este verano? —dice.

Paco y Marina la miran…, no parecen muy contentos.

—¿Pasarnos las vacaciones en un barco sin salir? —a Paco no le gusta la idea.

—Sí que salimos. Llegamos por mar a lugares bonitos y bajamos para pasar el día allí. Luego volvemos al barco a dormir —contesta Carmen.

—Pero ¿bajamos en alguna playa? —pregunta Marina.

—Claro, algunos pueblos griegos tienen playas maravillosas.

—Mamá, ¡tú no sabes lo que estás diciendo! —Lucas está muy serio.

—¿Qué pasa, hijo? —pregunta Carmen, preocupada.

—Los cruceros son enemigos del medioambiente. Contaminan más que millones de coches juntos. Echan al mar miles de plásticos y tóxicos. ¿Quieres colaborar con eso?

—¡Yo no! —dice Paco—. Es mejor pensar en otro plan. Por ejemplo, un viaje por la selva o una ruta por pueblos indígenas…

—¡Yo no voy a la selva, que hay muchos mosquitos! —contesta Marina.

—¡Yo no quiero pasarme las vacaciones caminando por la selva ni haciendo rutas por ningún pueblo indígena! Necesito descansar —dice Carmen.

—Me parece que tenéis un problema: mamá quiere descansar, papá prefiere ir de excursión y Marina es feliz quemándose en la playa —Lucas se ríe.

—Y tú —pregunta Paco—. ¿Ya sabes a dónde vas?

—Sí, me han admitido en todos los sitios, pero —dice Lucas, contento— al final, he elegido México: ¡me voy de voluntario a Yucatán!

DEBATE FAMILIAR

—¿Qué hay en Yucatán? —pregunta Marina.

—Hay flamencos, tiburones ballena[11]... —Lucas sonríe—. Las tortugas ponen los huevos en la playa y hay que protegerlos.

—¡Ah! ¡Hay playas! —Marina se sorprende.

—Claro —contesta Lucas—. ¿Y tú has aprobado geografía?

—También hay hoteles estupendos y unos paisajes preciosos —Carmen sonríe porque empieza a ver el plan de vacaciones.

—¡Y hay una ruta arqueológica maya! —Paco sonríe.

Paco y Carmen se miran a los ojos sonriendo. No necesitan hablar para entenderse porque se conocen desde hace más de veinticinco años. Marina solo tiene diecisiete, pero también los conoce. Pregunta, preocupada:

—¿Estáis pensando en ir de vacaciones al mismo sitio que Lucas?

Paco y Carmen se dan la mano porque están de acuerdo.

—¡Nos vamos a Yucatán! —dice Carmen contenta.

—Hija, compra protector solar para no quemarte —Paco está muy contento.

Marina piensa un momento y sonríe.

—Bueno, Lucas va estar trabajando en el centro medioambiental y nosotros tenemos todas las playas de Yucatán para disfrutar este verano. ¡Genial!

Al final de la cena, levantan los vasos y brindan[12]:

—¡Por el viaje a Yucatán!

---

[11] *Tiburón ballena:* es el pez más grande del mundo.
[12] *Brindar:* levantar la copa o el vaso.

8
LLEGADA A CANCÚN

El aeropuerto internacional de Cancún está a quince kilómetros del hotel donde se alojan los Fernández, en Playa Delfines, una de las más bonitas de la ciudad. Cuando Paco, Carmen y Marina salen por la puerta de «llegadas», después de recoger sus maletas, ven a un hombre con un cartel en la mano que tiene escrito: familia Fernández. ¡Esos son ellos!

—¿Vienen a buscarnos para llevarnos al hotel? —Marina está encantada.

—Sí —contesta Carmen—. Nos recogen a la llegada y nos traen a la vuelta.

El hombre los lleva a la salida del aeropuerto, a la parada de taxis, donde los espera una furgoneta del hotel.

La furgoneta se marcha del aeropuerto en dirección a la zona hotelera de Cancún, donde se encuentran los mejores hoteles a lo largo de una enorme avenida: el Boulevard Kukulkán, con las hermosas playas del mar Caribe, en el lado este y la bonita Laguna Nichupté, en el lado oeste.

LLEGADA A CANCÚN

En apenas diecisiete minutos, la furgoneta llega al hotel y bajan todos. Carmen mira alrededor encantada. Marina y Paco están sorprendidos: el hotel está en primera línea de mar y es precioso. En la parte delantera, frente a la entrada principal, entre jardines con palmeras, hay cinco piscinas espectaculares de color azul. Alrededor tienen sombrillas para protegerse del sol, tumbonas[13] y mesitas bajas. Los camareros llevan las bandejas con cócteles y bebidas a los clientes que se bañan o descansan en las tumbonas.

—¡Es un hotel de lujo! —dice Marina.

—¿No es demasiado caro, Carmen? —pregunta Paco.

—Mi cliente nos hace un precio especial. Y, además, nos ofrece una suite con dos habitaciones para estar juntos los tres por el precio de una pequeña.

—Supongo que el desayuno está incluido —dice Paco.

—¡Está todo incluido! —Carmen está contentísima.

—Pero si me apetece un helado, tengo que pagarlo, ¿no? —pregunta Marina.

—¡No! Está incluido el desayuno, la comida, la cena y cualquier aperitivo, café, té, helado o bebida durante todo el día y toda la noche.

—¡Pues vamos a tomar algo! —dice Marina muy contenta.

—¡Buena idea! —dice Paco—. ¡Vamos a inscribirnos!

Los Fernández sacan sus pasaportes y los entregan en recepción. El recepcionista escribe sus fichas en el ordenador y les da tres tarjetas-llave para entrar en la habitación y tres pulseras para consumir todo gratis. La suite está en el penúltimo piso.

—¡Disfruten de las vistas y de su estancia en nuestro hotel!

---

[13] *Tumbona:* sirve para tumbarse o acostarse.

9
TODO INCLUIDO

—¡Ahhh! ¡Qué maravilla!

Desde el enorme balcón de la suite familiar, Paco, Carmen y Marina observan el paisaje: el mar Caribe, de aguas transparentes y color azul intenso, hasta el infinito. Playa Delfines, treinta kilómetros de arena blanca. Las vistas son impresionantes.

—¡Hay surfistas! ¿Los veis allí? —Marina hace fotos con su móvil.

—Sí, en aquella zona hay bastantes olas. Debemos tener cuidado si queremos bañarnos en la playa —dice Paco.

—Tenemos cinco piscinas en el hotel —dice Carmen—. No necesitamos bañarnos en la playa.

—No es por necesidad, mi amor —contesta Paco—. Es por placer.

—Yo también prefiero bañarme en el mar —dice Marina.

—Bueno, es distinto. Pero si quieres nadar, es mejor la piscina —dice Carmen.

—Voy todo el año a nadar a la piscina —Paco se ríe—. ¿Tú crees que me apetece bañarme en una piscina teniendo ese mar azul delante?

—Muy bien, pues vosotros os bañáis en el mar, yo prefiero el agua dulce.

Marina se sienta en los sofás, en las sillas, se tumba en la cama, mira la nevera y todo lo que hay dentro, ¡hay batido de chocolate! ¡Y es gratis!

—Marina, ¡deja eso y dúchate! —dice Carmen.

—Yo voy a bajar a tomar algo —dice Paco.

—¿A dónde vamos a cenar? —pregunta Marina—. ¿Habéis mirado algo?

—Cenamos en el hotel —responde Carmen—. La cena está incluida.

—¡Ay, sí! ¿Vamos a pasear por la playa antes de cenar? —pregunta Marina.

—Sí, vemos el atardecer ¡y caminamos descalzos por la arena! —dice Carmen.

Paco ya tiene su ropa ordenada en el armario y se ha cambiado: se ha quitado los vaqueros y la camisa de manga larga y, ahora, lleva unos pantalones cortos y una camisa con palmeras de manga corta. En vez de zapatos, ahora, lleva chanclas. Se pone la pulsera y grita:

—¡Os espero en la piscina tomando un cóctel!

10
UN CONSEJO IMPORTANTE

Por la mañana temprano, los Fernández bajan a desayunar al comedor del restaurante mexicano del hotel. El bufé es variado y delicioso: postres, frutas, jugos (zumos), quesos, huevos, etc. Los clientes pasean con un plato en la mano por las mesas llenas de comida y bebidas sirviéndose todo lo que les gusta.

Marina se sirve un típico desayuno mexicano: huevos rancheros, que son huevos fritos con salsa de tomate y frijoles sobre tortillas de maíz, y dos zumos de frutas típicas de Yucatán: de pitaya, que es una fruta de color rosa, y de nance, una fruta de color amarillo.

Paco se sirve un café y un jugo de mamey, de color naranja, típico en la zona; para comer, elige diferentes platos de especialidades mexicanas. Carmen se sirve un zumo de fruta tropical y un café con leche; para comer, unos chilaquiles mexicanos: maíz tostado con carne, queso y chile. Se sientan en una mesa con vistas al jardín.

—Yo voy a terminar esto y luego voy a por más cosas —Marina tiene hambre.

UN CONSEJO IMPORTANTE

—Y yo —dice Paco—. ¡Quiero probarlo todo!

—Yo no puedo comer tanto a estas horas —dice Carmen.

—La tradición dice que hay que desayunar como un rey —bromea Paco.

—Pues yo, en este hotel, me siento como una reina —Carmen se ríe.

—Esta princesa se ha acabado su plato y se va a por más —dice Marina.

Se levanta y pasea otra vez por las mesas llenas de bandejas con comida deliciosa. Paco también se levanta a llenar el plato otra vez.

—¡La cocina mexicana es deliciosa! —Paco se sienta—. ¿Queréis probar esto?

—A ver, dame un poco.

Carmen prueba el plato de su marido y grita ¡aaaahhhh! La gente la mira. Los mexicanos comen muchos chiles, unos pimientos picantes, verdes o rojos, pero para los extranjeros, los chiles son demasiado fuertes.

—¡Pica muchísimo! —Carmen siente fuego en la boca.

—¡Beba leche, señora! —le aconseja un amable camarero—. O tome yogur.

Carmen se levanta y corre a las mesas del bufé a por un vaso de leche. Se lo bebe sin respirar. En el comedor, los clientes la miran y se ríen divertidos.

—¡Tiene usted razón! —Carmen sonríe al camarero—. Ya me siento mejor.

Ahora todos hablan sobre el consejo del camarero, importantísimo para un extranjero en México: leche o yogur si tomas demasiado picante. ¡Funciona!

11
PLAYA DELFINES

Después de desayunar, Marina, Paco y Carmen se van hasta la orilla de la playa para observar a los delfines, que son el atractivo principal de esta zona turística. Varios clientes del hotel ya están allí con sus cámaras haciendo fotos de los delfines, que saltan y vuelven a meterse dentro del agua.

A lo largo de la playa, hay sombrillas públicas para protegerse del sol. Algunos vendedores ofrecen comida a los veraneantes a lo largo de la costa, pero es temprano y hay poca gente tomando el sol.

—Me encanta esta arena tan blanca —dice Marina.

—¡Y el mar es de color azul turquesa! —dice Carmen.

—¡Mirad, allí hay delfines! —Marina está entusiasmada[14].

—Pero están un poco lejos —dice Paco—. En el hotel organizan excursiones en barco para verlos de cerca y nadar, ¿no os apetece ir?

---

14 *Entusiasmado/a:* muy contento.

—Os vais vosotros —responde Carmen—. Yo, en el hotel, tengo de todo.

—¿Para eso has venido tan lejos? —dice Paco—. ¡No vas a conocer Yucatán!

—Conozco esta playa del Caribe —contesta—. No necesito conocer nada más.

Caminan descalzos[15] por la arena y, en diez minutos, llegan hasta el popular mirador de Playa Delfines, que está muy cerca del hotel. Hay una gran cola de gente esperando para hacerse una foto delante de las famosas letras en colores de CANCÚN. Nadie se va de la ciudad sin hacerse allí una foto de recuerdo; los Fernández, tampoco.

Carmen y Marina van de tiendas al centro para comprar un bikini amarillo y protector solar. Mientras tanto, Paco visita el museo maya tomando apuntes en su cuaderno de dibujo.

Al mediodía, se encuentran los tres para comer juntos en el hotel y descansar un rato.

Por la tarde, visitan varios mercadillos artesanales. Los turistas buscan objetos de recuerdo para llevarse a sus países, hay quienes se hacen tatuajes en los brazos o en la espalda con artistas locales, también hay mujeres yucatecas que peinan a las niñas extranjeras con trenzas.

Los Fernández descubren la cultura maya en la artesanía: trajes típicos, bolsas y sombreros de fibras vegetales, objetos de madera, joyas…

—¡Qué bonita es esa pulsera de coral[16] negro! —dice Marina.

—Me encanta, pero si la compro, no sé qué va a decir tu hermano.

---

[15] *Descalzo/a:* sin zapatos.
[16] *Coral:* animal que vive bajo el mar y que tiene forma de planta.

—¿Por qué? ¿Está en peligro de extinción? —Marina está sorprendida.

—Sí, pero la venta está controlada por la ley —dice Paco.

—Ya, pero prefiero no «colaborar», como dice Lucas —contesta Carmen.

—Pero debemos colaborar con la economía de la zona, ¿no? —Marina sonríe—. ¿Compramos sombreros para el sol? Además, los necesitamos.

Carmen, Paco y Marina vuelven al hotel con unos bonitos sombreros en la cabeza, cansados de pasear durante horas.

En la cena, Paco propone ir al día siguiente de excursión a visitar algún monumento maya. Marina prefiere ir a una playa tranquila, sin olas, para poder bañarse y ver peces buceando. ¡Ahora ya tiene bikini! Carmen prefiere quedarse en el *spa* del hotel donde hacen masajes y tratamientos marinos. Al final, la hija y el padre se ponen de acuerdo: próximo destino, Isla Mujeres.

12
EL FESTIVAL DEL MAR CARIBE

A primera hora de la mañana, Paco y Marina se suben en el ferri que sale desde la zona hotelera hasta Isla Mujeres. El barco navega por aguas de color turquesa, aves exóticas vuelan por el cielo azul y los pasajeros se hacen fotos con el paisaje mientras se alejan de la costa.

—¡Papá! ¡Mira! ¡Los delfines vienen con nosotros! —grita Marina.

—Sí, juegan con las olas del barco —Paco los observa.

—¡Nos miran y gritan! ¡Qué simpáticos! —Marina está entusiasmada.

En menos de media hora, el ferri llega a la isla. Andando, llegan a la famosa Playa Norte, de arena fina y altos cocoteros. Marina corre a bañarse y disfruta del agua bastante rato. Paco alquila unas gafas, tubo y aletas para los pies y bucea en la superficie del agua observando peces. Después de secarse al sol, ponen las toallas en la arena, debajo de una palmera. El mar está tranquilo, parece una piscina, pero el horizonte está lleno de barcos que van y vienen.

—¿Buscamos otro sitio con menos gente? —pregunta Marina.

—Sí, creo que esta zona es la más turística.

Padre e hija caminan descalzos por la orilla con las bolsas al hombro. A veinte metros ven un gran círculo de gente en la playa.

—¿Qué pasa allí, por qué hay tanta gente? —pregunta Marina.

—Y la mayoría no son turistas, son isleños —Paco observa con atención.

—¡Vamos a ver! —Marina siente una gran curiosidad.

Caminan hasta la gran reunión de gente. Ven un cartel: festival del mar Caribe. En el centro del círculo hay una gran escultura hecha con arena y con basura reciclada: peces comiendo plásticos, latas de bebidas sobre corales y una tortuga con una pajita[17] en la nariz. Alrededor hay varios carteles: «Cuida tu playa», «Salva la vida marina». Unas doscientas personas escuchan en silencio al joven, que habla en medio del círculo…

—¡Es Lucas! —dice Marina, que no puede creer lo que ve.

—Al final —dice Lucas acabando su discurso—, como dijo un ecologista senegalés: «solo conservamos lo que amamos, solo amamos lo que comprendemos y solo comprendemos lo que nos enseñan».

La gente aplaude a Lucas. Varias personas se levantan y lo abrazan. Paco aplaude emocionado. Marina le dice a la gente con orgullo:

---

17 *Paja o pajita:* tubo delgado que sirve para tomar bebidas (*popote* en México).

EL FESTIVAL DEL MAR CARIBE

—¡Es mi hermano!

La sorpresa de Lucas cuando ve a su padre y a su hermana aplaudiendo es enorme. ¡Qué casualidad! Cuando termina de saludar al público, se reúne con su familia y les presenta a sus tres compañeros voluntarios: Tallulah, una veinteañera canadiense, Miguel Ángel y Guadalupe, que son mexicanos y tienen dieciocho años. Se van los seis a una taquería[18] del pueblo a comer.

—Llevamos aquí tres días —dice Lucas—. Nos vamos mañana temprano.

—¿Y qué hacéis en Isla Mujeres? —pregunta Paco.

—Damos talleres de educación medioambiental —responde Lucas.

—El primer día estuvimos en la playa recogiendo las basuras que trae el mar —dice Tallulah.

—Esta tarde vamos a limpiar las playas del sur —dice Guadalupe.

—Pero ¿aquí, la gente echa mucha basura al mar? —pregunta Paco.

—No. El problema es que la mayoría de la basura la trae el mar y viene de cualquier parte —dice Guadalupe—. Por eso hay que actuar en todo el planeta.

—La lata, botella o bolsa que alguien deja en la playa o que alguien tira al mar puede aparecer después en otra zona o en otro país —dice Tallulah.

—¿Podemos ir con vosotros a limpiar la playa? —pregunta Marina.

Lucas la mira sorprendido, no se lo puede creer.

----

[18] *Taquería:* establecimiento donde venden tacos mexicanos.

—¡Claro! Todos los que quieren ayudar son bienvenidos —dice Guadalupe.

—¿Vamos, papá? —Marina está entusiasmada.

—¡Por supuesto! Esta tarde vamos todos a limpiar la playa —dice Paco.

—¡Bienvenida, hermana! —Lucas sonríe, contento.

13
EL FESTIVAL DEL TIBURÓN BALLENA

Marina y Paco vuelven a Cancún en el último ferri. Cuando llegan a la hora de cenar, le cuentan sus aventuras a Carmen y le enseñan fotos.

—Nos ha dicho Lucas que mañana van a la isla de Holbox para la celebración del festival del tiburón ballena —dice Marina—. Se quedan allí cinco días.

—Entre mayo y septiembre pasan por el mar Caribe hasta mil cuatrocientos tiburones ballena —Paco está entusiasmado como un niño.

—Papá y yo queremos ir a verlos, ¿vienes con nosotros? —pregunta Marina.

—¡Claro que voy! —responde Carmen—. Pero a ver a Lucas, no al tiburón ballena.

Al día siguiente, los Fernández hacen las maletas, dejan el lujoso hotel con «todo incluido» y se marchan de Cancún. Tardan dos horas en llegar hasta el pueblo de Chiquilá. Desde allí, llegan a Holbox en ferri en solo veinte minutos.

Carmen abraza a su hijo, que los está esperando en el puerto ¡con un carrito de golf eléctrico! Suben con las maletas y Lucas conduce hacia el pueblo.

—¡Qué buena idea has tenido con este carrito! —Paco se ríe.

—La idea no es mía. Aquí todo el mundo va a pie, en bici o en estos carritos.

—Las calles no están asfaltadas, ¡es increíble! —Carmen sonríe encantada.

—Esta isla está en una reserva protegida y la cuidan mucho —dice Lucas.

—¡La gente va descalza por la calle! —Marina observa sorprendida.

—Sí, aquí o van descalzos o llevan chanclas —Lucas se ríe.

Los Fernández disfrutan observando las casas de colores, el mercado callejero, los vendedores de cocos, las gallinas por la calle…

—¿A dónde nos llevas ahora? —pregunta Paco.

—Os he buscado un hotel agradable, de ambiente familiar —contesta Lucas.

En Holbox no hay grandes hoteles con «todo incluido», ni demasiados turistas. Llegan enseguida a un pequeño hotel con *spa*, decorado con artesanía maya. La dueña es muy amable y los acompaña hasta sus habitaciones, que dan a un patio con jardín. Carmen pregunta por el *spa* y la dueña le informa:

—Tenemos tratamientos de origen maya con hierbas tradicionales.

—¡Es, exactamente, lo que me apetece ahora! —dice Carmen.

—Aquí vas a estar estupendamente, mamá —dice Lucas—. Me voy a trabajar. Hoy vamos hasta la zona marina de los tiburones ballena.

—¡Yo quiero ir contigo! —grita Marina— ¡Por favor! ¡Lucas, por favor!

Lucas la mira serio sin decir nada… Al final, se ríe.

—¡Papá y tú venís en nuestro barco! Nos están esperando.

Marina abraza a su hermano.

—¡Gracias, Lucas! ¡Nunca más voy a enfadarme contigo!

Paco y Carmen se miran contentos, hace mucho tiempo que sus hijos no se llevan tan bien.

14
EL PEZ MÁS GRANDE DEL MUNDO

Tallulah, Guadalupe y Miguel Ángel los esperan en el puerto, en una lancha. Se dirigen mar adentro, a la zona marina protegida donde las agencias turísticas llevan a los grupos de turistas para encontrar a los tiburones ballena y nadar con ellos. Durante la hora y media de trayecto, los voluntarios hablan con pasión sobre su misión en esas aguas caribeñas.

—El tiburón ballena mide hasta dieciocho metros —dice Guadalupe—. Y puede vivir hasta ciento treinta años.

—¿Es peligroso? —pregunta Marina, que tiene un poco de miedo.

—¡No! —contesta Miguel Ángel—. Es muy pacífico.

—Y se alimenta de plancton, no de turistas españoles —Lucas se ríe.

—El peligro somos nosotros para ellos —dice Tallulah muy seria—. Es una especie amenazada y está en peligro de extinción.

—Por eso hay varias normas que todos debemos respetar —dice Guadalupe.

—Los guías turísticos están obligados a explicar las normas a sus clientes y a acompañarlos mientras nadan para controlarlos —dice Lucas.

—Pero vosotros, ¿qué hacéis aquí? —pregunta Paco.

—Nos aseguramos[19] de que las personas respetan las normas y no ponen en peligro a los tiburones —contesta Lucas.

—También observamos si sufren accidentes o enfermedades —dice Tallulah.

—Controlamos la actividad turística y hacemos informes —dice Guadalupe.

—¿Y cuáles son las normas para nadar con tiburones? —pregunta Paco.

—No pueden tocar a un tiburón ni acercarse a menos de cinco metros —dice Miguel Ángel—. Para las lanchas, la distancia mínima es de diez metros.

—Obviamente, está prohibido tirar basura —dice Tallulah—. Tampoco pueden hacer fotos con flash ni saltar al agua sin control.

—No pueden dar de comer a los peces ni usar cremas o protectores solares —dice Guadalupe.

—Y, por último, es obligatorio usar chalecos[20] y nadar con un guía —dice Lucas.

—Pero ¡no hemos traído chaleco! —Marina está preocupada.

Los ecologistas sonríen, tienen una sorpresa más: sacan de una caja seis chalecos salvavidas amarillos.

—¡Mi color favorito! —dice Marina—. Mi bikini también es amarillo.

---

[19] *Asegurarse:* verificar, comprobar, garantizar.
[20] *Chaleco:* prenda de vestir sin mangas que permite flotar en el agua.

En la caja también hay aletas, gafas y tubos de buceo. Ven una zona donde hay diez lanchas turísticas: ya han llegado. Se preparan para nadar.

—¿Y quién es nuestro guía? —pregunta Marina.

—Yo —responde Guadalupe sonriendo—, así que, ¡síganme!

Excepto Tallulah, que pilota la lancha y se queda arriba, los demás saltan con suavidad al agua. Marina y Paco se emocionan al encontrar su primer tiburón ballena, ¡qué belleza! Observan impresionados al gigante, que abre la enorme boca para comer plancton con absoluta tranquilidad. Durante más de media hora, nadan alrededor del pez más grande del mundo sabiendo que están viviendo una experiencia inolvidable. ¡Larga vida para el tiburón ballena!

15
EL PARAÍSO ESTÁ AQUÍ

Los Fernández se quedan dos días más en la isla. Marina y Paco nadan con los tiburones ballena y observan también a otros peces gigantes mientras Carmen disfruta de las playas vírgenes y la vida bohemia, se hace tratamientos de belleza y participa en el ritual del temazcal, un baño de vapor de tradición maya.

Por la noche, los Fernández y los voluntarios asisten a las actividades del festival: conciertos al aire libre, bailes, mercadillos artesanales, concursos fotográficos. Cenan pescados y la popular pizza de langosta.

A Paco le encanta Holbox, pero está en Yucatán y no quiere volver a España sin visitar alguna ciudad maya de la ruta arqueológica. Guadalupe y Miguel Ángel le aconsejan viajar hasta Valladolid y hacer una excursión desde allí. Ellos son yucatecos, conocen bien la región y le diseñan un plan de viaje.

Carmen ha descansado y se siente llena de energía, así que decide acompañarle. Con mucha pena y emoción, Paco, Carmen y Marina se despiden de Guadalupe, Tallulah, Miguel Ángel y Lucas. Y también de un paraíso llamado Holbox.

16
EL CORAZÓN DEL IMPERIO MAYA

Los Fernández se levantan temprano y vuelven en ferri hasta el pueblo de Chiquilá. Desde allí llegan en dos horas por carretera[21] a la ciudad colonial de Valladolid, fundada por los españoles en 1543. Se alojan en un pequeño hotel familiar que les ha recomendado Guadalupe y dejan allí las maletas para irse a Chichén Itzá, a 45 kilómetros: la ciudad más grande de la antigua civilización maya, Patrimonio de la Humanidad, fundada en el año 525.

En Chichén Itzá, visitan la famosa pirámide de Kukulkán, con trescientos sesenta y cinco escalones, como los días del año.

—¡Es increíble! Parece que estamos en otra época —dice Marina.

—¡Paco, haznos una foto! —Carmen y Marina sonríen.

—En una foto es imposible ver lo monumental que es este sitio —dice Paco.

---

[21] *Carretera:* camino público por donde pasan los coches.

EL CORAZÓN DEL IMPERIO MAYA

De todas formas, Marina, Paco y Carmen se hacen muchísimas fotos: con unas cabezas de serpiente, con la pirámide al fondo, etc.

Desde allí, siguen el camino hasta el cenote sagrado, un gran agujero en la tierra lleno de agua donde los mayas celebraban los rituales religiosos. Después, caminan hasta el templo de los Guerreros y el observatorio astronómico. Al final, están cansados de caminar durante horas y hace calor. Por eso deciden ir al cenote que les recomendó Guadalupe.

Desde Chichén Itzá hay una carretera que les conduce directamente hasta el famoso cenote X'Keken en cuarenta minutos.

—¿Sabéis de dónde viene la palabra cenote? —Paco sonríe, él sí lo sabe.

—Sí, es una palabra maya —contesta Marina—. Me lo explicó Miguel Ángel.

—Muchas cosas te explicó ese chico —Carmen se ríe.

Marina se pone roja, la verdad es que Miguel Ángel es muy simpático y le gusta mucho. Lleva todo el día pensando en él. Pero sabe que no va a volver a verlo… ¡Qué pena!

—Significa «agujero enorme lleno de agua» —explica Marina.

Cuando llegan al cenote de X'Keken se quedan en silencio porque están impresionados por su belleza. Están dentro de una cueva subterránea. El sol entra por un agujero del techo iluminando todo: es un lago de color azul con estalactitas[22]. El agua es poco profunda y está tan clara que ven peces. Marina y Paco se bañan en el cenote mientras Carmen, que prefiere no bañarse, les hace fotos. Otro lugar mágico para recordar.

. . . .

[22] *Estalactita*: formación que cuelga de los techos de las cuevas.

17
UNA CIUDAD COLONIAL

Al anochecer, después de descansar, los Fernández salen a cenar y a dar un paseo por el centro histórico. La plaza Central, con su fuente en medio, está muy animada. Los puestos callejeros donde venden comida están llenos de gente. Carmen, Paco y Marina compran tacos y se los comen delante del gran convento de San Bernardino de Siena mientras ven el espectáculo de luz y sonido donde cuentan la historia de la ciudad.

Al día siguiente, visitan las iglesias y pasean por las calles del centro con sus típicas casas coloniales de distintos colores. Entran en el mercado principal para descubrir frutas y verduras que nunca han visto. También hay puestos donde venden ropa tradicional. Carmen se enamora de las blusas con flores bordadas y se compra una.

Marina recuerda que Miguel Ángel le ha contado que en Yucatán tienen muchas plantaciones de cacao y su chocolate es buenísimo.

—¡Tenemos que ir a la fábrica de chocolate maya artesanal!

UNA CIUDAD COLONIAL

En la fábrica les explican la historia del cacao, desde los mayas hasta su llegada a España, y desde España al resto de Europa. Ven el proceso de elaboración del chocolate. Después, prueban distintos tipos de chocolate.

Además de comprar diferentes chocolates, también compran productos hechos con cacao para el pelo y la piel. ¡Todo les gusta!

Visitan el hermoso cenote Zací, que está en medio de la ciudad, para bañarse. Después del baño, se quedan a comer en su restaurante, donde cocinan gastronomía yucateca con productos locales. ¡No se puede pedir más! Pero el final de las vacaciones está cerca y solo les queda un día. Deben pensar qué van a hacer.

—¿Volvemos mañana a Cancún y pasamos el último día en la playa? —propone Carmen.

—¿Hacemos una excursión a otra ciudad maya? —propone Paco.

Marina está en silencio, pensando. Sonríe con tristeza.

—¿En qué piensas? —pregunta Carmen.

—¿A dónde quieres ir tú, hija? —pregunta Paco.

—Es que… seguro que a vosotros no os apetece.

—¡Di! Si no hablas, no podemos saber si nos apetece o no —contesta Carmen.

—Lucas dijo que van a estar en la reserva de Río Lagartos a partir de mañana, cuidando los huevos de las tortugas marinas —dice Marina, tímida.

Paco y Carmen la miran y se ríen. ¡Ay, la juventud!

18

LOS HUEVOS DE LAS TORTUGAS MARINAS

Temprano, por la mañana, Carmen, Paco y Marina se van hasta Río Lagartos desde Valladolid. Son 106 kilómetros por carretera y llegan en una hora y media. En el Parque Natural les informan de que hay varios campamentos tortugueros. Ellos no tienen los nombres de los voluntarios que van a cada lugar, no saben en qué campamento pueden estar Lucas y sus amigos.

—No es fácil encontrar a una persona aquí —les dicen.

—¿Por qué? —pregunta Marina.

—El territorio es grande y también hay muchos visitantes.

Marina está triste, empieza a pensar que venir hasta aquí sin hablar con Lucas ha sido una tontería[23]. Pero es imposible contactar con él: aquí no funciona bien la conexión wifi. En realidad, todo ha sido para volver a ver a Miguel Ángel. Mira a su padre y a su madre…, y se siente estúpida.

Cuando entran en la reserva, se quedan impresionados por el espectáculo que tienen delante de sus ojos: miles y miles de

---

[23] *Tontería:* algo no muy inteligente.

flamencos rosa en el agua. Varios flamencos empiezan a volar, de repente, como una explosión de color rosa que sube al cielo. Marina tiene la boca abierta y no dice nada. Paco y Carmen sonríen de felicidad.

—Hija, solo por este espectáculo ha valido la pena venir hasta aquí —dice Paco muy sonriente.

—¡Qué buena idea has tenido! Gracias, hija —dice Carmen.

—Esto es maravilloso y vosotros sois los mejores padres del mundo.

Marina abraza a sus padres, no sabe por qué, pero tiene ganas de llorar. Oyen la voz simpática de una mujer extranjera, cerca de ellos, que dice en español:

—¿Qué hacen ustedes por aquí?

¡Tallulah! No se lo pueden creer. Marina abraza a Tallulah con fuerza. La joven voluntaria los lleva a la playa donde ponen los huevos las tortugas y donde están sus compañeros.

—Mañana volvemos a España —dice Carmen—. Hemos venido a despedirnos.

—¡Qué sorpresa! —Lucas está muy contento de volver a ver a su familia.

—¡Qué agradable sorpresa! —dice Miguel Ángel sonriendo a Marina.

Marina siente una explosión rosa en su corazón, siente que su cuerpo vuela como un flamenco. Y ya sabe dónde se encuentra el paraíso en la tierra. ¡Hasta pronto, Yucatán! ¡*Je'el k ilikba séeba'ane*[24]!

---

[24] *Je'el k ilikba séeba'ane'*: nos vemos pronto, en lengua maya.

ACTIVIDADES

AVENTURA EN YUCATÁN

1. EN EL MERCADO

1. ¿Quién compra los siguientes alimentos en el mercado?

> Paco – Carmen – Marina

1. Medio kilo de ciruelas: ....
2. Carne: ....
3. Medio quilo de queso: ....
4. Trescientos gramos de jamón: ....
5. Fresas y moras: ....
6. Verduras: ....

2. ¿Verdadero o falso?

		V	F
1.	Los sábados por la tarde los Fernández van al mercado.	☐	☐
2.	Los Fernández compran en el centro de Madrid.	☐	☐
3.	Hoy en el mercado hay poca gente.	☐	☐
4.	Marina es la hija de Paco.	☐	☐
5.	A Carmen le gustan mucho las frutas del bosque.	☐	☐
6.	Los Fernández toman unas tapas en el mercado.	☐	☐

REFLEXIÓN

¿Dónde haces la compra tú? ¿Vas al mercado?

ACTIVIDADES

2. VOLUNTARIADO INTERNACIONAL

1. ¿Qué sabes sobre Lucas Fernández?
   Completa con las siguientes palabras.

   > finales – hijo – francés – informática – hermano
   > Biología – inglés – buceador – voluntario – ONG

   Lucas es el (1) .... de Paco y de Carmen y el (2) .... de Marina. Hoy no ha ido al mercado con su familia porque está preparando los exámenes (3) .... Estudia tercero de (4) .... y está escribiendo a diferentes proyectos porque este verano quiere trabajar como (5) .... en un país extranjero. Lucas tiene notas muy altas en sus estudios y ha colaborado con algunas (6) .... Además, tiene un nivel alto de (7) .... y básico de (8) .... También tiene conocimientos de (9) .... y es un (10) .... avanzado.

2. Elige la opción correcta.

   1. Lucas tiene un currículo muy bueno y presenta su solicitud en **quince/cinco** proyectos.
   2. Quiere trabajar en parques naturales en **Finlandia/Australia**.
   3. En Botsuana quiere colaborar con la protección de los **elefantes/monos** y los leones.
   4. Quiere ayudar a conservar el medioambiente en la selva **tropical/amazónica** de Perú.
   5. Su pasión es la **ecología/religión**.

¿Has colaborado con una ONG alguna vez?

ACTIVIDADES

3. LA DIETA MEDITERRÁNEA

1. Relaciona las palabras para formar expresiones que aparecen en este capítulo.

   1. carne
   2. destruir
   3. lavar
   4. estar en peligro
   5. pescado
   6. dieta
   7. perder
   8. contaminar

   a. el planeta
   b. azul
   c. el aire
   d. de extinción
   e. kilos
   f. las verduras
   g. a la plancha
   h. mediterránea

2. Lee las siguientes informaciones. Hay tres que no son verdad. Márcalas con una ✗.

   1. Lucas piensa que su familia compra demasiada carne. ☐
   2. Marina no se lleva bien con su hermano. ☐
   3. A Lucas no le gusta la carne de vaca. ☐
   4. Lucas recomienda no comprar nunca pescado. ☐
   5. Los Fernández normalmente siguen una dieta mediterránea. ☐
   6. Carmen está de acuerdo con Lucas. ☐
   7. Marina es una chica delgada. ☐
   8. A partir de ahora los Fernández van a comprar carne de vaca una vez al mes. ☐

REFLEXIÓN

¿Qué opinas de la actitud de Lucas con su familia? ¿Estás de acuerdo con él?

ACTIVIDADES

4. FIN DE CURSO

1. **¿Qué sabes sobre Marina Fernández? Completa la información.**

   Marina estudia segundo de (1) .... y hoy ha hecho el último (2) .... de este curso. Marina está contenta porque ha llegado el (3) .... y todos los años va de vacaciones con su familia, pero este año está especialmente contenta porque solo va a viajar con sus (4) ...., su hermano no va con ellos. A Marina le gusta tomar el (5) .... en la playa y por eso este año necesita un nuevo (6) .... Le gusta comprar ropa con su madre porque tiene buen gusto y porque su madre nunca (7) .... Este año está de moda el color azul, pero ella prefiere el color (8) ....

2. **Relaciona la información de las dos columnas.**

   1. Marina tenía ganas de
   2. Marina estudia en
   3. Marina cree que
   4. Está segura de que va a tener
   5. Anoche se enfadó
   6. Marina puso una botella de plástico
   7. Para Lucas no reciclar bien es
   8. Marina quiere comprar

   a. buenas notas.
   b. en el cubo del papel.
   c. acabar el curso.
   d. un bikini amarillo.
   e. un crimen contra la naturaleza.
   f. ha aprobado el curso.
   g. un instituto.
   h. con su hermano.

REFLEXIÓN

¿Crees que es importante reciclar bien? ¿Por qué?

ACTIVIDADES

5. UN PLAN IDEAL

1. ¿Qué le pasa a Carmen en este capítulo? Completa la información.

Cuando Carmen sale del trabajo siempre va al (1) .... para hacer un poco de ejercicio. Necesita relajarse porque tiene muchas responsabilidades en su trabajo, Carmen es (2) .... Siempre tiene muchas (3) .... Por eso tiene muchas ganas de irse de (4) .... En su maletín lleva varios (5) .... que le ha dado uno de sus clientes que tiene una cadena internacional de hoteles. Carmen quiere hacer un (6) .... por las islas griegas o por el mar Adriático porque quiere descansar y no hacer nada.

2. ¿Verdadero o falso?

		V	F
1.	Paco va a la piscina a nadar todas las tardes.	☐	☐
2.	Hoy está cansado por la natación.	☐	☐
3.	Paco quiere hacer un viaje de aventura para salir de la rutina.	☐	☐
4.	Paco es fotógrafo para una revista.	☐	☐
5.	Paco está siempre sentado.	☐	☐
6.	Paco cree que a Carmen también le gustan los safaris.	☐	☐

REFLEXIÓN

¿Qué tipo de viaje te gusta hacer a ti?

ACTIVIDADES

6. UN CURRÍCULO EXCELENTE

1. Elige la opción correcta.
   1. Los centros de voluntariado internacional han respondido a Lucas y **todos/algunos** lo han admitido.
   2. En Kenia le ofrecen un programa para proteger a la **jirafa/tortuga**.
   3. Lucas rechaza los lugares **cálidos/fríos y lluviosos**.
   4. En **ningún proyecto/algunos proyectos** le pagan el vuelo.
   5. En **casi todos/todos** los proyectos le proporcionan el alojamiento gratis.
   6. Lucas no quiere trabajar **todos los días/los fines de semana**.

2. Completa las frases sobre este capítulo.
   1. Antes de leer los correos de los centros de voluntariado internacional Lucas está ....
   2. Lucas está .... porque lo han admitido en todos los centros.
   3. A Lucas no le gusta pasar demasiado ...., por eso renuncia a los desiertos.
   4. No le gustan los lugares donde no para de ....
   5. Lucas elige dos posibles lugares para hacer el voluntariado: Filipinas o ....
   6. La decisión final de Lucas depende del .... del vuelo.

REFLEXIÓN

Imagina que estás en la situación de Lucas y puedes elegir uno de los destinos que le ofrecen, ¿cuál te parece más interesante?

ACTIVIDADES

7. DEBATE FAMILIAR

1. ¿Quién?

1. No quiere pasar las vacaciones en un barco: ....
2. Piensa que los cruceros contaminan mucho: ....
3. Propone un viaje por la selva: ....
4. Quiere pasar las vacaciones en una playa: ....
5. Va a hacer un voluntariado a México: ....
6. No quiere pasar las vacaciones con Lucas: ....

2. Ordena lo que sucede en este capítulo.

1	2	3	4	5	6	7
c						

a. Carmen propone ir de vacaciones en un crucero.
b. Lucas anuncia a su familia que va a ir a Yucatán.
c. Lucas y Marina discuten.
d. Paco propone un viaje por la selva.
e. La familia brinda.
f. Carmen y Paco deciden ir a de vacaciones a Yucatán.
g. Lucas les dice que los cruceros son malos para el medioambiente.

¿Qué viaje te interesa más a ti: un crucero por las islas griegas, un viaje por la selva, una ruta por pueblos indígenas o unas vacaciones en una playa?

ACTIVIDADES

8. LLEGADA A CANCÚN

1. ¿Verdadero o falso?

	V	F
1. El aeropuerto está a 15 kilómetros del hotel.	☐	☐
2. El hotel está en Playa Delfines.	☐	☐
3. Un hombre los recibe en el aeropuerto para llevarlos al hotel.	☐	☐
4. En el hotel hay una piscina.	☐	☐
5. En el hotel no tienen que pagar nada porque está todo incluido.	☐	☐
6. Los Fernández están en el último piso del hotel.	☐	☐

2. Completa el resumen del capítulo.

Los Fernández (1) .... de Cancún, donde los esperan para llevarlos a su hotel en (2) .... El hotel está en (3) ...., en una de las playas más bonitas de Cancún. Los Fernández están en un (4) ...., un cliente de Carmen les ha hecho un (5) .... Marina está muy contenta porque en el hotel no tiene que (6) .... Los Fernández entregan sus pasaportes (7) .... y les dan las tarjetas–llave de la suite y (8) .... para consumir todo gratis.

a. primera línea de mar
b. pagar nada
c. llegan al aeropuerto
d. hotel de lujo
e. una pulsera
f. precio especial
g. en la recepción
h. una furgoneta

REFLEXIÓN

¿Qué tipo de alojamiento prefieres cuando vas de vacaciones?

ACTIVIDADES

9. TODO INCLUIDO

1. Relaciona las palabras para formar expresiones que aparecen en este capítulo.

   1. observar
   2. nadar en
   3. tumbarse
   4. tomar
   5. ponerse
   6. caminar
   7. tener la ropa

   a. descalzo
   b. la pulsera
   c. ordenada
   d. en la cama
   e. una piscina
   f. un cóctel
   g. el paisaje

2. Relaciona la información de las dos columnas.

   1. Playa Delfines tiene
   2. Desde el balcón los Fernández pueden ver
   3. Donde están los surfistas hay
   4. Carmen prefiere bañarse
   5. Antes de cenar los Fernández van a pasear
   6. Los Fernández van a cenar en
   7. Paco se ha puesto unos
   8. Paco va a esperar a su familia tomando

   a. por la playa.
   b. treinta kilómetros de arena blanca.
   c. un cóctel.
   d. pantalones cortos.
   e. muchas olas.
   f. el mar Caribe.
   g. en la piscina.
   h. el hotel

¿Y tú, dónde prefieres bañarte: en el mar o en una piscina? ¿Por qué?

ACTIVIDADES

10. UN CONSEJO IMPORTANTE

1. ¿Quién, quiénes o a quién?

1. Desayuna huevos rancheros: ....
2. Toma jugo de mamey: ....
3. Come unos chilaquiles: ....
4. Desayuna un café con leche: ....
5. Se levanta dos veces para ir al bufé: ....
6. Se siente como una princesa en el hotel: ....
7. Los chiles le parecen muy picantes: ....
8. Toma un vaso de leche sin respirar: ....

2. ¿Qué son los siguientes alimentos: fruta o un plato típico?

1. Huevos rancheros: ....
2. Pitayas: ....
3. Nances: ....
4. Mameyes: ....
5. Chilaquiles: ....

1. Y a ti, ¿te gusta desayunar en los bufés de los hoteles?
2. Cuando viajas, ¿te gusta probar la comida local?

ACTIVIDADES

11. PLAYA DELFINES

1. ¿Qué hacen los Fernández? Ordena lo que sucede en este capítulo.

1	2	3	4	5	6	7
b						

   a. Carmen y Marina van de tiendas.
   b. Los Fernández van a la orilla de la playa.
   c. Compran unos sombreros.
   d. Se hacen una foto en el mirador con las letras de Cancún.
   e. Visitan un mercadillo.
   f. Hablan sobre sus planes para el día siguiente.
   g. Comen juntos en el hotel.

2. Completa las frases sobre este capítulo.

   1. Algunos clientes del hotel hacen fotos de los ....
   2. En Cancún el mar es de color azul ....
   3. En el hotel organizan .... para nadar con los delfines.
   4. Los Fernández caminan .... por la arena.
   5. En el mirador hay una gran .... de gente.
   6. A Marina le gusta mucho una pulsera de .... negro.
   7. Paco y Marina se ponen de .... para ir a Isla Mujeres al día siguiente.
   8. Carmen prefiere quedarse en el .... del hotel.

REFLEXIÓN

¿Crees que los Fernández son unos turistas típicos?

ACTIVIDADES

12. EL FESTIVAL DEL MAR CARIBE

1. ¿Verdadero o falso?

	V	F
1. Unos delfines acompañan al ferri.	☐	☐
2. El ferri tarda una hora en llegar.	☐	☐
3. En la playa Paco compra unas gafas para bucear.	☐	☐
4. Paco y Marina se encuentran por sorpresa con Lucas.	☐	☐
5. Los compañeros de Lucas son mexicanos.	☐	☐
6. La gente de la isla echa mucha basura al mar.	☐	☐

2. Completa el resumen del capítulo.

Paco y Marina van a Isla Mujeres (1) .... En Playa Norte (2) .... y disfrutan del agua color turquesa. En la playa hay mucha gente y (3) .... un lugar más tranquilo. Caminan descalzos por la orilla y (4) .... de gente. Ven varios carteles que intentan concienciar a la gente sobre (5) .... las playas. Toda la gente está escuchando a un chico que (6) .... Marina está sorprendida de ver a su hermano allí. Está en la isla con tres compañeros voluntarios para dar talleres (7) .... Esta tarde van a (8) .... y Paco y Marina van con ellos.

a. se bañan
b. a pasar el día
c. la importancia de cuidar
d. limpiar las playas del sur
e. deciden buscar
f. de educación medioambiental
g. se encuentran a un grupo
h. está dando un discurso

REFLEXIÓN

¿Qué podemos hacer para evitar la contaminación del mar y de las playas?

ACTIVIDADES

13. EL FESTIVAL DEL TIBURÓN BALLENA

1. Relaciona las palabras para formar expresiones que aparecen en este capítulo.

   1. hacer
   2. ir
   3. la calle
   4. la reserva
   5. llevar
   6. el mercado
   7. el ambiente
   8. la artesanía

   a. chanclas
   b. asfaltada
   c. familiar
   d. las maletas
   e. callejero
   f. descalzo
   g. maya
   h. protegida

2. Elige la opción correcta.

   1. Carmen va a la isla de Holbox para ver **un festival/a su hijo**.
   2. Desde Cancún tardan dos horas en llegar a **Holbox/Chiquilá**.
   3. En Holbox nadie lleva **zapatos/chanclas**.
   4. En el hotel de Holbox hay **un jardín/una piscina**.
   5. Lucas piensa que su madre va a estar muy **bien/mal** en el hotel.
   6. Lucas y Marina hoy se llevan **bien/mal.**

REFLEXIÓN

¿Qué lugar prefieres para pasar tus vacaciones: Cancún o la isla de Holbox? ¿Por qué?

ACTIVIDADES

14. EL PEZ MÁS GRANDE DEL MUNDO

1. **Completa la información sobre el tiburón ballena y las normas para nadar con ellos.**

   > hacer fotos – peligro de extinción – años – usar chalecos
   > metros – se alimenta – ni acercarse – protección solar

   El tiburón ballena mide hasta 18 (1) .... y puede vivir hasta 130 (2) ...... Es muy pacífico y (3) .... de plancton. Es una especie amenazada y está en (4) .... Los turistas no pueden tocarlos (5) .... a menos de cinco metros. No pueden (6) .... con flash ni saltar al agua sin control. Tampoco pueden darles de comer ni llevar cremas de (7) .... Además, es obligatorio (8) .... y nadar con un guía.

2. **Lee las siguientes informaciones. Hay tres que no son verdad. Márcalas con una X.**

   1. Lucas recibe a Paco y a Marina en el hotel. ☐
   2. Van a una zona protegida para nadar con los tiburones ballena. ☐
   3. Lucas y sus amigos vigilan a los guías. ☐
   4. Guadalupe va a ser la guía de Paco y Marina. ☐
   5. Paco y Marina no llevan chaleco. ☐
   6. Los ecologistas llevan chalecos para Paco y para Marina. ☐
   7. Todos saltan al agua excepto Lucas. ☐
   8. Marina y Paco están contentos de poder nadar con el tiburón ballena. ☐

ACTIVIDADES

¿Has buceado alguna vez? ¿Te gustaría nadar con un tiburón ballena?

15. EL PARAÍSO ESTÁ AQUÍ

1. ¿Quién o quiénes?

1. Observan peces gigantes bajo el agua: ....
2. Se hace tratamientos de belleza: ....
3. Quiere hacer una ruta arqueológica: ....
4. Aconsejan a Paco visitar Valladolid: ....
5. Son yucatecos: ....
6. Ha descansado y se ha relajado: ....

2. Completa las frases sobre este capítulo.

1. El ritual del temazcal es un baño de .... de tradición maya.
2. Por la noche los voluntarios y la familia de Lucas van a .... al aire libre.
3. En Holbox hay un pizza de .... muy popular.
4. Paco quiere visitar una ciudad ....
5. Carmen decide acompañar a Paco porque se siente llena de ....
6. La familia de Lucas se va con mucha .... de Holbox.

¿Qué lugar del mundo es el paraíso para ti? ¿Por qué?

ACTIVIDADES

16. EL CORAZÓN DEL IMPERIO MAYA

1. ¿Qué hacen los Fernández? Ordena lo que sucede en este capítulo.

1	2	3	4	5	6
b					

   a. Van al famoso cenote X'Keken.
   b. Los Fernández vuelven hasta Chiquilá.
   c. Dejan las maletas en el hotel.
   d. Van a Valladolid por carretera.
   e. Marina y Paco se bañan en un lago.
   f. Van al sitio arqueológico de Chichén Itzá.

2. Elige la opción correcta.

   1. Los Fernández vuelven en **coche/ferri** hasta Chiquilá.
   2. Valladolid es una ciudad más **antigua/moderna** que Chichén Itzá.
   3. Chichén Itzá es la ciudad más grande de la civilización **azteca/maya.**
   4. La pirámide de Kukulkán tiene tantos escalones como **días/meses** tiene el año.
   5. Marina está **triste/contenta** porque no va a volver a ver a Miguel Ángel.
   6. En el cenote de X'Keken hay un lago azul con **serpientes/estalactitas**.

REFLEXIÓN

¿Has estado alguna vez en algún lugar Patrimonio de la Humanidad? ¿Dónde?

ACTIVIDADES

17. UNA CIUDAD COLONIAL

1. ¿Verdadero o falso?

		V	F
1.	Los Fernández comen tacos en el mercado.	☐	☐
2.	Al día siguiente pasean por las calles de Valladolid.	☐	☐
3.	Marina compra una blusa tradicional.	☐	☐
4.	Visitan una fábrica de chocolate.	☐	☐
5.	Se bañan y cenan en un cenote.	☐	☐
6.	Los Fernández tienen que volver a España dentro de tres días.	☐	☐
7.	Paco quiere pasar su último día en Cancún.	☐	☐
8.	Marina quiere ir a Río Lagartos.	☐	☐

2. Relaciona la información de las dos columnas.

   1. En la plaza Central hay
   2. En Valladolid hay casas
   3. En Yucatán hay muchas plantaciones
   4. Los Fernández compran
   5. El cenote Zací
   6. Al día siguiente Paco quiere ir

   a. está en medio de la ciudad.
   b. coloniales de colores.
   c. distintos tipos de chocolate.
   d. a otra ciudad maya.
   e. de cacao.
   f. puestos callejeros.

¿Compras algún recuerdo cuando viajas?
¿Qué tipo de cosas compras?

ACTIVIDADES

18. LOS HUEVOS DE LAS TORTUGAS MARINAS

1. Clasifica el vocabulario que aparece a lo largo de esta historia.

> tortuga – flamenco – río – lago – playa – delfín – mar
> pulsera – isla – tiburón – chanclas – gallina – gafas de buceo
> pirámide – cenote – toalla – cueva – sombrero

Animales	Lugares	Objetos

2. Completa las frases sobre este capítulo.

   1. Los Fernández van a .... desde Valladolid.
   2. No saben en qué .... está Lucas y no saben cómo contactar con él.
   3. En la reserva ven miles de .... sobre el agua.
   4. Marina está muy emocionada y .... a sus padres.
   5. Tallulha los lleva a la zona donde las .... ponen los huevos.
   6. Marina siente que su cuerpo .... como un flamenco.

1. ¿Te ha gustado esta historia?
2. ¿Sabes más español después de leer esta historia?

SOLUCIONES

1. EN EL MERCADO
1. 1. ▸ Carmen 2. ▸ Paco 3. ▸ Marina
   4. ▸ Marina 5. ▸ Carmen 6. ▸ Carmen
2. 1. ▸ F 2. ▸ V 3. ▸ F 4. ▸ V 5. ▸ V 6. ▸ V

2. VOLUNTARIADO INTERNACIONAL
1. 1. ▸ hijo 2. ▸ hermano 3. ▸ finales 4. ▸ Biología
   5. ▸ voluntario 6. ▸ ONG 7. ▸ inglés 8. ▸ francés
   9. ▸ informática 10. ▸ buceador
2. 1. ▸ quince 2. ▸ Finlandia 3. ▸ elefantes
   4. ▸ amazónica 5. ▸ ecología

3. LA DIETA MEDITERRÁNEA
1. 1. ▸ g 2. ▸ a 3. ▸ f 4. ▸ d 5. ▸ b 6. ▸ h 7. ▸ e 8. ▸ c
2. 3, 4 y 7

4. FIN DE CURSO
1. 1. ▸ bachillerato 2. ▸ examen 3. ▸ verano 4. ▸ padres
   5. ▸ sol 6. ▸ bikini 7. ▸ miente 8. ▸ amarillo
2. 1. ▸ c 2. ▸ g 3. ▸ f 4. ▸ a 5. ▸ h 6. ▸ b 7. ▸ e 8. ▸ d

5. UN PLAN IDEAL
1. 1. ▸ gimnasio 2. ▸ abogada 3. ▸ reuniones 4. ▸ vacaciones
   5. ▸ folletos 6. ▸ crucero
2. 1. ▸ V 2. ▸ F 3. ▸ V 4. ▸ F 5. ▸ V 6. ▸ V

SOLUCIONES

6. UN CURRÍCULO EXCELENTE

1. 1. todos 2. jirafa 3. fríos 4. ningún proyecto
   5. casi todos 6. los fines de semana
2. 1. nervioso 2. contento 3. calor
   4. llover 5. México 6. precio

7. DEBATE FAMILIAR

1. 1. Paco 2. Lucas 3. Paco
   4. Marina 5. Lucas 6. Marina
2. 1. c 2. a 3. g 4. d 5. b 6. f 7. e

8. LLEGADA A CANCÚN

1. 1. V 2. V 3. V 4. F 5. V 6. F
2. 1. c 2. h 3. a 4. d 5. f 6. b 7. g 8. e

9. TODO INCLUIDO

1. 1. g 2. e 3. d 4. f 5. b 6. a 7. c
2. 1. b 2. f 3. e 4. g 5. a 6. h 7. d 8. c

10. UN CONSEJO IMPORTANTE

1. 1. Marina 2. Paco 3. Carmen 4. Carmen 5. Marina y Paco 6. Marina 7. A Carmen 8. Carmen
2. 1. un plato típico 2. una fruta 3. una fruta
   4. una fruta 5. un plato típico

11. PLAYA DELFINES

1. 1. b 2. d 3. a 4. g 5. e 6. c 7. f
2. 1. delfines 2. turquesa 3. excursiones 4. descalzos
   5. cola 6. coral 7. acuerdo 8. *spa*

12. EL FESTIVAL DEL MAR CARIBE

1. 1. V 2. F 3. F 4. V 5. F 6. F
2. 1. b 2. a 3. e 4. g 5. c 6. h 7. f 8. d

SOLUCIONES

13. EL FESTIVAL DEL TIBURÓN BALLENA
1. 1. ▶ d 2. ▶ f 3. ▶ b 4. ▶ h 5. ▶ a 6. ▶ e 7. ▶ c 8. ▶ g
2. 1. ▶ a su hijo 2. ▶ Chiquilá 3. ▶ zapatos
   4. ▶ un jardín 5. ▶ bien 6. ▶ bien

14. EL PEZ MÁS GRANDE DEL MUNDO
1. 1. ▶ metros 2. ▶ años 3. ▶ se alimenta 4. ▶ peligro de extinción
   5. ▶ ni acercarse 6. ▶ hacer fotos 7. ▶ protección solar 8. ▶ usar chalecos
2. 1, 3, 7

15. EL PARAÍSO ESTÁ AQUÍ
1. 1. ▶ Paco y Marina 2. ▶ Carmen 3. ▶ Paco 4. ▶ Guadalupe y Miguel Ángel 5. ▶ Guadalupe y Miguel Ángel 6. ▶ Carmen
2. 1. ▶ vapor 2. ▶ conciertos 3. ▶ langosta
   4. ▶ maya 5. ▶ energía 6. ▶ pena y emoción

16. EL CORAZÓN DEL IMPERIO MAYA
1. 1. ▶ b 2. ▶ d 3. ▶ c 4. ▶ f 5. ▶ a 6. ▶ e
2. 1. ▶ ferri 2. ▶ moderna 3. ▶ maya 4. ▶ días
   5. ▶ triste 6. ▶ estalactitas

17. UNA CIUDAD COLONIAL
1. 1. ▶ F 2. ▶ V 3. ▶ F 4. ▶ V 5. ▶ V 6. ▶ F 7. ▶ F 8. ▶ V
2. 1. ▶ f 2. ▶ b 3. ▶ e 4. ▶ c 5. ▶ a 6. ▶ d

18. LOS HUEVOS DE LAS TORTUGAS MARINAS
1. ANIMALES: tortuga, flamenco, delfín, tiburón, gallina.
   Lugares: río, lago, playa, mar, isla, pirámide, cenote, cueva.
   OBJETOS: pulsera, chanclas, gafas de buceo, toalla, sombrero.
2. 1. ▶ Río Lagartos 2. ▶ campamento 3. ▶ flamencos
   4. ▶ abraza 5. ▶ tortugas 6. ▶ vuela